Federica Campanini

L'ultimo Caravaggio

Collana **Italiano Facile**
3° livello

a cura di A. De Giuli e C. M. Naddeo

ALMA Edizioni
Firenze

Italiano Facile
Collana di racconti

Progetto grafico copertina e illustrazione: Leonardo Cardini
Progetto grafico interno: Paolo Lippi
Illustrazioni interne: El Grinzio

Prima edizione: 1999
Ultima ristampa: settembre 2009

ISBN libro: 978-88-8644-025-7

viale dei Cadorna, 44 - 50129 Firenze - Italia
Tel. +39 055 476644 - Fax +39 055 473531
alma@almaedizioni.it - www.almaedizioni.it

PRINTED IN ITALY
la Cittadina, azienda grafica - Gianico (BS)
www.lacittadina.it

Indice

Capitolo I

BUZZZZZ BUZZZZZ BUZZZZZ...

Suona la **sveglia**. Sono le sette del mattino. Lorenzo si alza. Si fa una doccia e si veste. Poi scende al bar per fare colazione. È un venerdì come gli altri. Tanto lavoro e poi un fine settimana di riposo. Le partite di calcio. Forse un cinema con gli amici. Senza tante emozioni. A Roma piove.

- Buongiorno Nino.

- Ciao Lorenzo! - risponde il barista - Brutta giornata, eh?

- Sì, proprio **un tempo da cani**!

- Che cosa prendi, il solito?

- Sì, cappuccino e cornetto. Grazie.

- Senti, Lorenzo, secondo te Lady Diana ha avuto un incidente o è stata uccisa?

- Nino! Ma ti sembrano domande da fare a quest'ora del mattino?

- Va bene, ho capito, sei nervoso.

- Sì... Vado a lavorare... È meglio. Prendo anche questa cioccolata. Quanto pago?

- Quattromilasettecentolire.

- Ok. Ciao Nino!

- Ciao Lorenzo, ci vediamo!

---

sveglia: 

un tempo da cani: un tempo cattivo, molto brutto. *Es.: Il mese scorso c'è stato un tempo da cani, ha piovuto sempre.*

Capitolo II

Lorenzo è un po' nervoso. Questa notte ha fatto un sogno molto strano.

Ha sognato di essere molto, molto povero. Poi arrivava un uomo a cavallo e gli regalava una **candela** accesa. La candela faceva una luce meravigliosa. Lorenzo la prendeva nelle sue mani...

Poi ha suonato la sveglia. Il sogno è finito così.

Ora Lorenzo esce dal bar.

"**Accidenti!**" - pensa - "Ho dimenticato la borsa a casa!"

Lorenzo torna indietro. Entra in casa.

DRIIIIINNNNN DRIIIINNNN

In quel momento suona il telefono.

- Pronto?
- Posso parlare con Lorenzo?
- Sono io. Chi parla?
- Ciao, Lorenzo. Sono Sofia.
- Sofia?
- Sì, Sono proprio io.
- Che sorpresa! Sono molto contento di sentirti.
- Sì, è passato tanto tempo...
- Allora sei tornata!
- Sì. Cioè... non esattamente. Non sono a Roma, sono a Capalbio.

---

candela:

Accidenti!: espressione che significa "oh, no!", "maledizione!". *Es.: Accidenti! Ho finito tutti i soldi.*

Note

- A Capalbio? E che fai là?

- Senti Lorenzo, ti devo parlare. Ci vediamo questa sera a cena?

- Va bene.

- Allora ci vediamo qui a Capalbio, al "Cantinone". Alle otto, va bene?

- D'accordo, a stasera.

Capitolo III

Poco dopo Lorenzo sale sulla sua vecchia moto per andare al lavoro. Mentre guida, pensa a Sofia. È molto emozionato. Sofia è sempre stata la sua passione.

- Idiota! - **grida** un uomo - Vuoi stare più attento?

Accidenti! Lorenzo non l'aveva visto e stava per andargli **addosso**.

- Mi scusi. - dice Lorenzo.

Poi riprende a guidare. Finalmente arriva al giornale dove lavora.

- Ciao Lorenzo! - dice Marco.

Marco è il migliore amico di Lorenzo. Anche lui lavora al giornale.

- Ciao Marco.

- Ti vedo un po' strano... Come va, tutto bene?

- Sì, sì. Tutto bene.

- Allora, andiamo al cinema stasera?

- Grazie, ma stasera non posso... Devo partire.

---

grida - *inf. gridare*: parlare con la voce molto alta, urlare. *Es.: La mamma grida perché i bambini non l'ascoltano.*

addosso: contro, sopra. *Es.: Ho avuto un incidente con la macchina: sono andato addosso a un albero.*

- E dove vai?
- Da Sofia.
- La tua amica che studia storia dell'arte? Ma non è in Spagna?
- No, è tornata. Adesso è a Capalbio. Sai Marco, è proprio strano...
- Eh sì... È proprio strano vederti uscire con una donna!
- Ma dai Marco, non fare lo stupido! La cosa strana è che stanotte ho fatto un sogno molto particolare. E poi proprio stamattina mi ha telefonato Sofia. Dopo tre anni che non ci sentiamo. Capisci?
- Ma, veramente... Io capisco solo che stai per rivedere Sofia e che sei emozionato. Allora io e te ci vediamo un'altra sera. Va bene?
- D'accordo. Adesso devo andare. Il direttore mi aspetta e sono già in ritardo!

Capitolo IV

Alle sei di sera non piove più, Lorenzo esce dagli uffici del giornale. Non c'è tempo per tornare a casa. Alle otto deve essere a Capalbio per incontrare Sofia. Così sale sulla sua vecchia moto e corre all'appuntamento.

Capalbio è un piccolo paese **medioevale** in Toscana, vicino al mare. Per arrivarci bisogna fare la via Aurelia, una strada romana antichissima. Da Roma sono circa 150 chilometri.

Mentre guida, Lorenzo pensa alla sua storia con Sofia. Si conoscono

---

medioevale: del Medio Evo (periodo storico che va dal V al XV secolo d. C.).

da molto tempo, dagli anni dell'università. Sono stati **fidanzati** e per un periodo hanno anche abitato insieme. Una grande passione. Poi, come tutte le passioni, anche la loro è finita. Lei è partita per la Spagna e per tre anni non si sono più visti. Ma Lorenzo non l'ha mai dimenticata.

Alle otto Lorenzo arriva al "Cantinone" di Capalbio. Il ristorante è pieno di gente. Lorenzo si guarda intorno, è emozionato. Cerca i grandi occhi verdi di Sofia, i suoi lunghi capelli rossi... Ma lei non c'è.

"È in ritardo, come al solito." - pensa Lorenzo mentre si siede a un tavolo.

- Vuole ordinare? - chiede il cameriere.

- No, grazie. Solo dell'acqua minerale. Aspetto un'amica.

Le otto e un quarto, poi le otto e mezza. Sofia non si vede. Mentre aspetta, Lorenzo mangia del pane. È sempre più nervoso. Dopo un'ora Sofia non è ancora arrivata. Il pane è finito.

"Non viene più." - pensa.

Poi chiama il cameriere:

- Senta, scusi!

- Sì. - dice il cameriere - Vuole ordinare, adesso?

- No, grazie. La mia amica non è arrivata e a me non piace mangiare da solo. Mi porti il conto per favore.

- Ah, le donne! Si fanno sempre aspettare.

- Eh, sì.

- Anche per anni, a volte!

- Infatti... - dice Lorenzo un po' triste.

Poi esce dal ristorante. È troppo stanco per tornare a Roma. Alla fine decide di andare a dormire in un albergo di Capalbio.

---

fidanzati: uniti da una relazione sentimentale. *Es.: Io e Anna siamo stati fidanzati due anni e poi ci siamo sposati.*

Note

Capitolo V

La mattina dopo, nella camera d'albergo.

Lorenzo si è appena svegliato. Anche questa notte ha fatto lo stesso sogno: lui era povero, molto povero; poi passava un uomo a cavallo e gli regalava una candela accesa. Lorenzo la prendeva nelle sue mani. Ma a quel punto arrivava un dolce vento, che portava via la luce della candela. Lui la **seguiva**. Volava nel cielo e si sentiva libero e leggero. Mentre volava, vedeva posti bellissimi...

Il sogno finiva così, Lorenzo non ricorda più niente.

Ora si alza. Pensa ancora a Sofia: come mai, dopo tre anni di silenzio, lo aveva chiamato? Che cosa significava quell'appuntamento a Capalbio? E perché, soprattutto, non era venuta al ristorante? Tante domande senza risposta.

"Qui non posso fare più niente." - pensa Lorenzo - "È meglio tornare a Roma."

Ma prima di partire, telefona a casa per ascoltare i messaggi della **segreteria telefonica**.

MESSAGGIO N° 1

...tu...tut...tut...

- Ciao Lorenzo, sono la mamma. Hai sentito che freddo? Ti sei coperto bene? Hai mangiato le ***melanzane alla parmigiana***

---

seguiva - *inf. seguire*: andare nella stessa direzione, fare la stessa strada. *Es.: Il bambino seguiva sempre la mamma.*

segreteria telefonica: registratore dei messaggi telefonici. *Es.: Aldo non c'era, ma gli ho lasciato un messaggio sulla segreteria telefonica.*

melanzane alla parmigiana: tipico piatto italiano, fatto con melanzane, formaggio e pomodoro.

Note

che ti ho preparato? Non farmi preoccupare. Chiamami presto! Ciao.
...tut...ttuuu...

"Mia madre è sempre la stessa!" - pensa Lorenzo - "Ho più di trent'anni e lei ancora si preoccupa per me."

MESSAGGIO N° 2
...tu...tut...tut...
- Ciao Lorenzo, sono Roberta. Domani sera io e Annamaria andiamo al cinema. Andiamo a vedere "La vita è brutta". L'ultimo film di Norberto Maligni. Ti va di venire? L'appuntamento è per le otto, al cinema Rex. Se vieni, ci vediamo là. Ciao.
...tut...ttuuu...

Roberta e Annamaria sono due ragazze molto simpatiche. Lorenzo va spesso al cinema con loro.

MESSAGGIO N° 3
...tu...tut...tut...
- Ciao Lorenzo, sono Sofia. Scusa se non sono venuta all'appuntamento. Sono a Capalbio. Al Residence "Valle del Buttero". L'indirizzo è: Piazza Magenta, numero 7. Ti aspetto! Vieni al più presto, così ti spiego tutto. Ciao.
...tut...ttuuu...

"Ma che cos'è questa storia?" - pensa Lorenzo - "Uno scherzo?"

Note

Capitolo VI

Piazza Magenta, qualche minuto dopo. Lorenzo è davanti al Residence *"Valle del Buttero"*. Suona al numero 7. Una bella ragazza dai capelli rossi apre la porta. È Sofia. Finalmente.

- Ciao Lorenzo! Vieni, entra dentro.

- Sofia! Finalmente ti rivedo. Ma perché non sei venuta ieri sera? Mi sono preoccupato molto.

- Ho paura ad uscire da sola. C'è un uomo che mi segue.

- Un uomo? E chi è? Il tuo **amante**?

- Ma no, no. Adesso ti spiego...

- Sì, sì. Voglio sapere tutto. Cosa hai fatto tutto questo tempo? Dove sei stata? Con chi?

- Lorenzo, ti prego, non fare il geloso. Sono andata in Spagna per fare delle ricerche. Là ho scoperto che in questa zona, vicino Capalbio, c'è un quadro antico molto importante. Ma nessuno sa dove si trova esattamente.

- E l'uomo misterioso, chi è?

- Si chiama Ugo Polli. E non è il mio amante! È un uomo basso, grasso e con pochi capelli. Non è il mio tipo, stai tranquillo. È un **mercante** d'arte. Anche lui cerca il quadro per venderlo a un ricco uomo d'affari giapponese che lo vuole comprare.

- Questi giapponesi... Vogliono comprare tutto!

- Guarda cosa ho trovato in Spagna!

- Che cos'è?

---

amante: chi è legato a un'altra persona da una relazione amorosa, innamorato. *Es.: Tina ha lasciato il marito ed è andata a vivere con il suo nuovo amante.*

mercante: venditore, commerciante. *Es.: Ho comprato questo tappeto da un mercante arabo.*

Note

- È una **mappa** antica. Questi sono i posti dove possiamo cercare il quadro.
- Che significa "possiamo"?
- Significa che ho bisogno del tuo aiuto! Ho organizzato una esposizione a Roma, alla Galleria Borghese. Il quadro deve essere là per lunedì mattina. Oggi è sabato, abbiamo solo due giorni.
- Tu sei tutta matta!
- Non fare lo stupido... - dice Sofia, mentre guarda un punto sulla mappa - Lo vedi questo? È il Duomo di Orbetello. Cominceremo da là.

Capitolo VII

Mezz'ora più tardi, Lorenzo e Sofia sono davanti al Duomo di Orbetello, un'antica chiesa in stile gotico.
- Allora Sofia, mi dici perché questo quadro è così importante?
- È del 1600.
- E allora? In Italia ci sono molte opere di quel periodo!
- Sì, è vero. Ma il quadro che cerco **è stato dipinto** da Michelangelo Merisi.
- È un **pittore** famoso?
- Famosissimo. Hai mai sentito parlare di Caravaggio?
- Certo. Perché me lo chiedi?

---

mappa: pianta, carta geografica. *Es.: Nella mappa della città ci sono tutte le strade.*
è stato dipinto - *inf. dipingere*: disegnare, fare un quadro. *Es.: "Monna Lisa" è stato dipinto da Leonardo.*
pittore: artista che fa quadri. *Es.: Leonardo è un grande pittore.*

- Perché Caravaggio e Michelangelo Merisi sono la stessa persona. Michelangelo Merisi è il vero nome di Caravaggio. Non lo sapevi?

- No, faccio il giornalista, non lo storico dell'arte. L'unica cosa che so è che Caravaggio era un genio. Come Leonardo e Raffaello.

- Esatto. Però la vita di Caravaggio è molto più interessante. Era un personaggio particolare: passionale, violento, un po' pazzo. Ha avuto avventure di ogni genere: è stato in **prigione**, è scappato, si è innamorato di molti uomini...

- Era omosessuale?

- Non esattamente. Ha avuto anche delle donne. Il suo carattere passionale lo ha portato a vivere in modo **eccessivo**. Ha anche ucciso un uomo.

- Interessante.

- Per scappare alla giustizia è venuto a **nascondersi** in questa zona. Ma non si sa bene dove. In Spagna ho scoperto che mentre era qui ha dipinto il suo ultimo quadro. Poi si è ammalato ed è morto.

- Ho capito. Ma che c'entra la Spagna con Caravaggio?

- Nel 1600 in Italia c'era la dominazione spagnola, quindi molte opere d'arte e molti documenti italiani sono in Spagna.

- ...e tu in Spagna hai scoperto dei documenti che dicono che quel quadro è ancora qui.

- Esatto.

- Adesso comincio a capire perché sei stata via tutto questo tempo. Io credevo che tu avessi un amante...

- Ma tu vedi amanti dappertutto!

---

prigione:

Note

eccessivo: esagerato, che va oltre il limite. *Es.: Il suo stile di vita è eccessivo: beve, fuma, gioca a poker, va tutte le sere in discoteca.*

nascondersi: rendersi invisibile, non farsi vedere. *Es.: Per fare uno scherzo alla mamma, il bambino è andato a nascondersi sotto il letto.*

- Va bene, non parliamone più. Però c'è ancora una cosa che non capisco: come mai, se quel quadro è così importante, nessuno sa dov'è?
- Te lo dico dopo. - dice Sofia - Adesso entriamo nel Duomo.

Capitolo VIII

Nel Duomo, subito dopo.
- È una chiesa del XIV secolo. - dice Sofia - È molto bella.
- Qui ci sono dei quadri. - dice Lorenzo - Forse c'è anche Caravaggio.
- No, queste sono opere di pittori del 1300, il loro stile è completamente diverso da quello di Caravaggio. Si vede subito.
- Scusa, ma come fai a essere così sicura?
- Lorenzo! Sono una storica dell'arte, non una giornalista! E poi, guarda, c'è anche scritto sopra: "pittura del XIV secolo!"
Lorenzo ride. Sofia continua:
- In ogni caso lo stile di Caravaggio è **inconfondibile**. I suoi quadri hanno una luce particolarissima.
- Stai parlando del *chiaroscuro*, giusto?
- Bravo! Si chiama proprio così: *chiaroscuro*. È un uso particolare di luci e di **ombre**. Caravaggio è stato il primo pittore a usare questa tecnica. Ma tu come lo sai?

---

inconfondibile: che non si può confondere, molto riconoscibile. *Es.: Frank Sinatra ha una voce inconfondibile, nessuno canta come lui.*
ombre: zone scure, il contrario di "luci". *Es.: Le ombre della sera scendono sulla città.*

- Lo so, lo so... Sono un giornalista, però non così stupido come pensi!

- Va bene, scusa... In ogni caso il quadro che cerchiamo non è qui.

Lorenzo e Sofia escono dal Duomo. Vicino alla moto c'è un uomo basso e grasso, con un coltello in mano.

- Ma... ma quello è Polli! - dice Sofia.

- E chi è? - chiede Lorenzo.

- È l'uomo che mi segue, il mercante d'arte. Guarda, sta cercando di bucare le ruote della moto!

Lorenzo e Sofia corrono verso la moto. Quando li vede, Polli cerca di salire su una macchina nera. Ma Lorenzo riesce a fermarlo.

- Che fa Lei qui? Che vuole da me?- chiede Sofia.

- Lo sai benissimo, Sofia. Io voglio il quadro. Lo devo vendere.

- Ma quella è un'opera d'arte! Le opere d'arte non si vendono.

- Questo lo dici tu. A me l'arte non interessa. A me interessano solo i soldi!

- Sei un bastardo!

- Stai attenta a come parli, Sofia. E di' al tuo amico di lasciarmi andare.

- Stava bucando le ruote della mia moto! - dice Lorenzo.

- Non ho fatto niente. - risponde Polli. - Ora lasciami o chiamo la polizia.

Lorenzo lo lascia. Polli sale in macchina e se ne va.

- È assurdo! - dice Lorenzo - Tutto questo per un quadro...

- Non è un semplice quadro. - dice Sofia - È l'ultimo quadro di Caravaggio. Ora capisci perché non sono venuta ieri sera? Avevo paura di Polli. Per avere quel quadro, è pronto a tutto.

- Sì, quel Polli è proprio un criminale. Però adesso sono più tranquillo.

Note

- E perché?
- Perché un uomo così non può essere il tuo amante...
- Ancora! Ma è un'ossessione! Come te lo devo dire che non ho amanti?
- Va bene, scusa... Stavo scherzando.

Capitolo IX

Lorenzo e Sofia salgono sulla moto.
- Spiegami una cosa sul quadro. - dice Lorenzo. - Se hai detto che nessuno sa dov'è, come potevi pensare di trovarlo in una chiesa come questa, insieme a tante altre opere **esposte** al pubblico?
- La mie ricerche dicono che il quadro è in questa zona, in una chiesa. Potrebbe essere esposto con il nome di un altro pittore meno importante di Caravaggio.
- Per uno sbaglio?
- Esatto. È già successo molte volte che un quadro che tutti credevano poco importante era invece di un grande artista. E poi il Duomo di Orbetello era sulla mia mappa.
- E cos'altro dice la tua mappa?
- Dice che qui vicino, ad Ansedonia, c'è un'altra chiesa.
- Ci vuoi andare?
- Certo, ma solo con te, amore mio. Dai, partiamo subito, non perdiamo altro tempo.

---

esposte: in esposizione, che si possono vedere. *Es.: Nei musei italiani sono esposte molte opere d'arte.*

Note

Ansedonia, mezz'ora dopo. Un piccolo paese vicino al mare. Lorenzo e Sofia arrivano davanti a una chiesa. La **messa** è appena finita. Alcune persone stanno uscendo.

Dentro la chiesa, delle vecchie signore vestite di nero **pregano** davanti all'immagine della Madonna. Una donna sta accendendo delle candele.

- Vedi qualcosa? - chiede Lorenzo.

- Niente d'interessante. - risponde Sofia - Proviamo a chiedere a quel **prete**.

Lorenzo e Sofia si avvicinano:

- Buongiorno! - dice la ragazza.

- Buongiorno signorina.

- Senta, io cerco un quadro del '600... Secondo le mie ricerche, è l'ultimo quadro di Caravaggio...

- E lo cerca proprio in questa chiesa? - chiede il prete.

- Sì. - dice Sofia - Secondo le mie ricerche...

- Mi dispiace per Lei. Qui non c'è nessun quadro.

- Ma io sono sicura che esiste!

- Forse esiste, ma non è qui. Oggi è già venuta un'altra persona a cercarlo, ma io gli ho detto la stessa cosa.

- È un uomo basso e grasso con pochi capelli?

- Sì, esatto.

- Accidenti, ancora Polli!

- Come, scusi? Ha visto dei polli? No, guardi, sono i **piccioni**, a volte entrano in chiesa dalla piazza... Dove li ha visti?

---

messa: cerimonia religiosa dei cristiani. *Es.: La Domenica i cattolici vanno a messa.*

pregano - *inf. pregare*: parlare, comunicare con Dio. *Es.: I musulmani pregano cinque volte al giorno.*

prete: 

piccioni: uccelli che vivono nelle città.

Note

- No, no. Non importa, non ho visto niente. - dice Sofia - Grazie lo stesso.
- Prego. Arrivederci.

Capitolo X

Lorenzo e Sofia escono dalla chiesa.
- Secondo me, il prete non ha detto la verità. - dice Sofia.
- E perché? È un uomo di chiesa...
- Lorenzo, ma dove vivi? Nessuno dice sempre la verità, neanche i preti!
- Va bene, forse è come dici tu: gli uomini di chiesa sono persone come noi. Ma nel nostro caso, che interesse aveva il prete a non parlare del quadro?
- Vedi Lorenzo, non ti ho ancora detto tutto.
- Che altro c'è?
- Devi sapere che Caravaggio era un artista molto particolare. I suoi modelli erano le **prostitute**, la gente del popolo...
- Ho capito: per la società dei suoi tempi, Caravaggio non era un artista "normale".
- Esatto. E il suo ultimo quadro, quello che noi stiamo cercando, è il meno "normale" di tutti.
- Perché, che cosa rappresenta?

---

prostitute: donne che vendono il loro corpo. *Es.: Alcuni uomini pagano le prostitute per avere rapporti sessuali.*

Note

- La **circoncisione** di Gesù.

- La circoncisione... - dice Lorenzo - Ma non è una cosa che fanno gli **ebrei**?

- Esatto! Ma la Chiesa Cattolica non ha mai voluto pensare a Gesù come a un normale ebreo. Per questo ha nascosto il quadro per quattrocento anni. Però io sono sicura che esiste.

- Vuoi dire che il prete sta nascondendo il quadro?

- Non lo so. In ogni caso prima di tornare qui, forse è meglio visitare tutte le altre chiese che sono sulla mappa.

- Scusa Sofia, ma quante chiese ci sono ancora sulla tua mappa?

- Cinque, sei... Non lo so. Perché?

- Beh, ecco... Comincio a essere stanco. E ho anche un po' fame. Ieri sera non ho mangiato...

- Non c'è tempo per mangiare. Dobbiamo trovare assolutamente quel quadro prima di lunedì, il giorno d'inizio dell'esposizione. E poi un po' di **digiuno** ti farà bene, te l'ho detto che sei ingrassato?

- Ingrassato io? Non è vero.

- Ma sì, è la verità! Quando sono partita, tre anni fa, eri più magro.

- Più magro, dici? Sei sicura? Io veramente...

- Dai Lorenzo, non fare quella faccia! Mi piaci anche così, stai tranquillo. Adesso accendi la moto. Ti prometto che stasera, quando avremo trovato il quadro, ti preparerò una cena buonissima.

---

circoncisione: taglio della pelle dell'organo sessuale maschile. *Es.: Gli ebrei e i musulmani praticano la circoncisione.*

ebrei: popolo di Israele. *Es.: Gli ebrei seguono la religione giudaica.*

digiuno: stare senza mangiare. *Es.: Il Ramadan dei musulmani è un periodo di digiuno.*

Capitolo XI

È sera. Lorenzo e Sofia hanno visitato altre chiese, hanno parlato con tante persone, ma non sono riusciti a trovare il quadro. Ora tornano a Capalbio.

Mentre la luce della luna scende sul mare, la moto corre veloce sulla strada che porta al paese. Lontano, molto lontano, si vedono le luci di una **barca**. Tutto è calmo, tranquillo.

- È bellissimo. - dice Lorenzo, mentre ferma la moto per guardare meglio il mare - Non ti sembra di essere in un sogno? Io e te, da soli, come ai vecchi tempi, il mare, la luna...

Sofia non risponde. Sta pensando al quadro, all'esposizione…

- Ma cos'hai? - chiede Lorenzo - Ho detto qualcosa che non va?

- No, scusa... Sono solo un po' stanca.

- Sei preoccupata per il quadro, vero?

- Sì.

- Non essere pessimista. Abbiamo ancora domani. Vedrai che lo troveremo, te lo prometto.

- Sei un amore. - dice Sofia.

Finalmente, dopo qualche minuto, arrivano al residence. Accendono il **camino**, preparano da mangiare. Poi, dopo cena, si siedono davanti al fuoco. Parlano come due persone che non si vedono da tanto tempo. Scherzano, ridono. Per un momento, Sofia riesce anche a non pensare al quadro.

- Perché, invece di parlare sempre dei miei amanti che non esistono, non mi dici qualcosa di te? - chiede Sofia - Cosa hai fatto

---

barca: 

camino: 

Note

in questi tre anni? Ti sei innamorato di altre donne?

- Non ci sono altre donne nella mia vita, lo sai che amo solo te.
- **Bugiardo**.
- È la verità. Ho pensato tante volte di venire a cercarti in Spagna...
- Ma non l'hai fatto.
- E come potevo? Sei partita senza lasciarmi neanche un indirizzo! Credevo di non rivederti più...

Lorenzo e Sofia parlano a lungo. Hanno ancora tante cose da raccontarsi. Stanno così bene insieme, che sembra non si siano mai separati. Adesso i loro occhi si incontrano per un lungo momento... Poi un abbraccio, un bacio, un altro ancora...

Capitolo XII

Domenica mattina. È una bella giornata. Un po' fredda, ma piena di sole. Sofia si è appena svegliata. Lorenzo, vicino a lei, sta ancora dormendo.

- Lorenzo, svegliati! Sono le dieci, è tardissimo! - dice Sofia.
- Eh? Cosa?
- Ho detto che è tardi, dobbiamo alzarci. Non abbiamo più molto tempo per trovare il quadro.
- Quadro? Quale quadro?
- Dai, non fare lo stupido. Lo sai benissimo.
- Ma io ho sonno, voglio dormire...

Bugiardo: persona che non dice la verità. *Es.: Non credere a quello che dice Ugo, è un bugiardo.*

- Dormirai un'altra volta. Adesso ascoltami, ho una cosa importante da dirti. Questa notte ho fatto uno strano sogno: ho sognato un vecchio a cavallo, con una lunga **barba** bianca.

- Interessante. Anch'io da molte notti sogno un uomo a cavallo. E ora che ci penso anche lui ha la barba bianca.

- Bene! Qualcosa mi dice che forse Guglielmo sa dove possiamo trovare il quadro.

- Chi è Guglielmo?

- È il vecchio del paese, e ha la barba bianca, proprio come l'uomo del sogno.

- Ma come fai a conoscere il vecchio del paese?

- L'ho conosciuto ieri al bar. Qui tutti si conoscono. Il paese è molto piccolo.

- Ho capito. Ma perché il vecchio del paese dovrebbe sapere dove si trova il quadro?

- Perché lui sa tutto di questi posti. E poi, non hai detto che hai sognato anche tu un vecchio con la barba?

- E allora? Può essere una **coincidenza**...

- Non capisci, Lorenzo? Queste non sono coincidenze!

- E cosa sono, allora?

- Sono dei segni del destino! Qualcosa o qualcuno, lassù in cielo, ci sta dicendo che dobbiamo andare a parlare con Guglielmo!

- Tu sei matta... Hai passato tutti questi anni in Spagna a studiare documenti e ora mi dici che per trovare il quadro dobbiamo credere ai sogni... Scusa, ma non mi sembra un modo serio di fare una ricerca.

- Senti Lorenzo, la ricerca seria l'abbiamo fatta: abbiamo visitato

---

barba: 

coincidenza: cosa casuale, fatto insolito, straordinario. Es.: *Ciao! Anche tu qui? Che coincidenza!*

tutti i posti che erano sulla mappa, abbiamo parlato con tanta gente... Ma non è servito a niente. Perciò adesso proviamo così, a questo punto non abbiamo niente da perdere. Allora, mi accompagni a parlare con Guglielmo?

- Va bene, va bene... Prima però facciamo colazione.

Capitolo XIII

Un'ora dopo. Lorenzo e Sofia stanno andando da Guglielmo.

- Tra poco vedrai un posto bellissimo. - dice Sofia.
- Perché, dove mi stai portando?
- Al "Giardino dei **Tarocchi**". Guglielmo lavora là.
- E cos'è questo "Giardino dei Tarocchi"?
- È un posto con delle **sculture** grandissime.
- È un museo?
- Non esattamente, è un giardino. Qualche anno fa un artista ci ha messo queste sculture e ora è diventato un posto molto particolare. Ecco, siamo arrivati.

Lorenzo e Sofia entrano nel giardino. In mezzo agli alberi, ci sono delle grandi sculture colorate. Ogni scultura rappresenta una carta dei Tarocchi. Alcuni turisti le stanno fotografando.

Seduto sotto un albero, un vecchio sta giocando con delle carte. Ha un cappello in testa e una lunga barba bianca. È Guglielmo.

Tarocchi: antiche carte da gioco, usate anche per leggere il futuro. *Es.: Alcune persone credono che il loro futuro sia scritto nei Tarocchi.*

sculture: 

Note

- Ciao Guglielmo, come stai? - dice Sofia.

- Ciao Sofia! Sono molto felice di rivederti. In cosa posso aiutarti? So che fai una ricerca…

- Ma come fai a sapere sempre tutto?

- È semplice, leggo i Tarocchi! Faccio delle domande e loro rispondono.

- Stai scherzando.

- Ma no... A me non piace scherzare quando parlo di queste cose. I Tarocchi sono una cosa seria.

- Allora mi puoi dire dove posso trovare quello che cerco? - chiede Sofia.

- Vediamo... - dice Guglielmo mentre guarda le carte - Stai parlando del quadro misterioso, giusto?

- Sì. È incredibile!

- Ieri è già venuto un uomo un po' grasso a chiedere informazioni.

- È Polli, ancora lui! Arriva sempre prima di noi! E tu che gli hai detto?

- Stai tranquilla, Sofia. Io non gli ho detto niente. Non mi piacciono le persone come lui!

- Ah, per fortuna!

- A te invece, posso dire di andare da un mio caro amico. È un **frate** spagnolo. Si chiama Juan. Lui ama l'arte italiana ed è anche un bravissimo pittore. Le carte mi dicono che può aiutarti.

- E dove lo posso trovare?

- Abita nel **convento** sopra il monte Argentario. Gli puoi dire che ti mando io.

- Va bene Guglielmo, ti ringrazio tantissimo.

---

frate: 

convento: il posto dove abitano i frati. *Es.: Nel convento i frati pregano, studiano e lavorano.*

Note

- Prego, prego. È stato un piacere. Io sono contento di aiutare le persone. Soprattutto gli innamorati. Voi due siete molto innamorati. Io lo vedo. Buona fortuna, ragazzi...

Capitolo XIV

- Che tipo strano questo Guglielmo! - dice Lorenzo, quando lui e Sofia sono usciti dal giardino.

- È strano, però è simpatico. Te l'avevo detto che ci poteva aiutare.

- Ma tu credi veramente a quello che ha detto?

- Certo! Perché no? Dai, andiamo al monte Argentario, è la nostra ultima possibilità.

I due ragazzi prendono la moto e partono. Il monte Argentario non è molto lontano, ma per arrivarci bisogna fare una strada stretta e piena di **curve**. Il sole caldo della mattina adesso non c'è più. Nel cielo sono arrivate delle **nuvole** scure. In pochi minuti comincia a piovere. Per non bagnarsi, Lorenzo e Sofia decidono di fermarsi in una trattoria lungo la strada.

- Mangiate qualcosa? - chiede il cameriere.

- Io prendo un piatto di lasagne. - dice Lorenzo.

- Io invece voglio del pesce. - ordina Sofia.

Poco dopo il cameriere torna con i piatti. In quel momento nella trattoria entra un uomo basso e grasso. È Ugo Polli, il mercante d'arte.

curve:

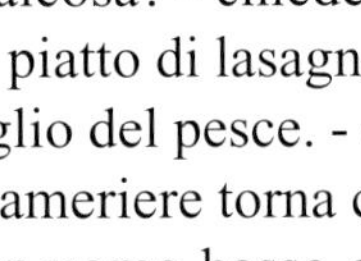

nuvole:

Note

- Oh no, ancora Polli! - dice Sofia.

- Pollo? No, questo è pesce. - dice il cameriere - Ma se la signorina vuole del pollo glielo posso portare...

- No, grazie, non voglio del pollo. Va bene così.

Polli si avvicina al tavolo dei due ragazzi.

- Allora Sofia, come vanno le tue ricerche?

- Non capisco perché Lei continua a seguirmi, signor Polli.

- Ma io non ti sto seguendo, Sofia. Il mondo è piccolo e ogni tanto succede di incontrarsi. Specialmente quando si cerca la stessa cosa. Ti dispiace se mi siedo? Così possiamo parlare meglio.

- E di cosa? Io e Lei non abbiamo niente da dirci.

- Ti sbagli, Sofia. Io ho una proposta da farti. Ascolta: tu trovi il quadro, io lo vendo al giapponese e poi io e te dividiamo i soldi...

- Lei è matto. Io non sto cercando il quadro per venderlo, ma per metterlo in un museo e dare a tutti la possibilità di vederlo.

- Questi sono discorsi stupidi. Pensaci bene Sofia, sono tantissimi soldi...

- Le ho già detto cosa penso, signor Polli: la mia risposta è no. Adesso ci lasci mangiare, per favore.

- E va bene. Ma ricordati: quando io voglio una cosa, posso diventare molto, molto cattivo...

Poi, senza dire altro, Polli se ne va.

- È matto. - dice Sofia.

- Sì, però ha parlato di tanti soldi... - dice Lorenzo - Forse non era una cattiva idea.

- Lorenzo! Mi stai dicendo che anche tu venderesti il quadro?

- Beh, forse, non so... Se c'è un ricco giapponese che è contento di pagare... perché no?

Note

- Perché l'arte è di tutti! Ecco perché! E poi non possiamo vendere un quadro che non è nostro... È contro la legge!
- Va bene, va bene... Ho sbagliato, d'accordo. Stavo solo scherzando...
- Dai, finisci di mangiare. Adesso non piove più e possiamo ripartire.

Capitolo XV

Più tardi.
Lorenzo e Sofia sono arrivati in moto ai piedi del monte Argentario. Sopra, molto in alto, si vede il convento.
- La strada finisce qui. - dice Lorenzo. - Non è possibile andare avanti.
- Lasciamo la moto e continuiamo a piedi. - dice Sofia. - Se camminiamo veloci, in meno di un'ora arriveremo al convento.
- Vuoi camminare per un'ora?
- Certo, siamo arrivati fino a qui e adesso non voglio mica tornare indietro. Dai, un po' di sport ti farà bene!
Finalmente, dopo un'ora di cammino, Lorenzo e Sofia arrivano al convento. Sono stanchi, salire fino là non è stato facile.
Il convento è un'antica costruzione a tre piani, in mezzo agli alberi. C'è una grande pace, tutto è calmo e silenzioso. All'entrata c'è un vecchio frate.
- Chi siete? - chiede il frate.

Note

- Buongiorno. Siamo amici di Juan.
- E cosa volete da lui?
- Ecco, noi siamo venuti per... per salutarlo. Possiamo entrare?
- Oggi non è giorno di visite, mi dispiace.
- Abbiamo fatto tutta questa strada... - dice Sofia. - Non possiamo vederlo un momento?
- Questa è l'ora della **meditazione**. - dice il frate - Non posso disturbarlo.
- Ma noi possiamo aspettare. Per favore...
- E va bene. Aspettate in questa stanza. Io vado a chiamare Juan, ma non so quando potrà venire. Ve l'ho detto, oggi non è giorno di visitc!

Il frate esce e chiude la porta.

- Ma che tipo! È proprio antipatico. - dice Lorenzo.
- Questi frati non sono abituati a ricevere visite. - risponde Sofia.

Passa ancora un'ora. Poi la porta si riapre ed entra un giovane frate. Ha gli occhi scuri e un bel sorriso. È Juan, l'amico di Guglielmo.

- Eccomi qua! Io sono Juan.
- Ciao Juan. Io sono Sofia e lui è Lorenzo.
- Benvenuti nella mia casa. Scusate il ritardo, ma stavo facendo la meditazione e non potevo venire prima. Cosa posso fare per voi?
- Ecco, io sono una storica dell'arte. - dice Sofia - Da molti anni sto facendo delle ricerche su un quadro del '600... "La circoncisione di Gesù" di Caravaggio.
- L'ultimo quadro di Caravaggio. - dice Juan - Molti dicono che non esiste.

---

meditazione: esercizio del pensiero. *Es.: Voglio andare in India a studiare lo yoga e la meditazione.*

- Lo so, ma io sono sicura che invece esiste. Secondo le mie ricerche deve essere in questa zona, in una chiesa o in un convento. Guglielmo, il vecchio che lavora al "Giardino dei Tarocchi", mi ha detto che tu potevi aiutarmi.

Juan sorride:

- Il vecchio Guglielmo... Come al solito non sa cos'è il silenzio.

- Che vuoi dire?

- Il quadro che cerchi è qui. Ma è un segreto, solo noi frati lo sappiamo.

- Davvero? Allora avevo ragione! - grida Sofia - Hai visto Lorenzo? L'abbiamo trovato!

- Sssshhh... Silenzio... - dice Juan - Siamo in un convento. Dovete parlare piano...

- Scusa, Juan...

- Dovete sapere che il quadro è qui da moltissimi anni. - continua Juan - I frati lo hanno sempre nascosto perché dicono che è un'opera troppo **scandalosa**.

- Ma è davvero così scandalosa? - domanda Lorenzo.

- No. Secondo me è solo un bellissimo quadro, il più bello di Caravaggio. - risponde Juan.

---

scandalosa: che va contro la morale, immorale. *Es.: La pornografia è scandalosa.*

Note

Capitolo XVI

Il frate spagnolo continua a parlare con i due ragazzi:

- Sapete, anch'io sono venuto qui in Italia per cercare il quadro. Poi, quando l'ho trovato, sono rimasto qui. Amo troppo questi posti.

- Senti Juan, - dice Sofia - io ho organizzato un'esposizione delle opere di Caravaggio alla Galleria Borghese di Roma. Domani pomeriggio ci sarà l'**inaugurazione**. Mi piacerebbe tanto portare anche quel quadro, sarebbe una cosa bellissima.

- Capisco che per te è molto importante, ma non è possibile. - dice Juan - Il quadro non può uscire dal convento.

- Io penso che dobbiamo trovare un modo per portarlo fuori. Le opere d'arte sono di tutti, non è giusto tenerle nascoste!

Per un momento Juan rimane in silenzio. Pensa alle parole di Sofia.

- Forse hai ragione, Sofia. - dice alla fine - Il quadro è così bello! Non è giusto tenerlo chiuso qui!

- Bene! Ma come facciamo a portarlo fuori? Se gli altri frati ci vedono, non ci lasceranno andare...

- Beh, veramente... io ne ho una copia.

- Miracolo! - grida Lorenzo.

- Davvero? - chiede Sofia.

- Si, l'ho fatta appena sono arrivato qui nel convento. Io sono un pittore e ho studiato a lungo lo stile di Caravaggio. La copia che ho fatto è molto simile. Posso metterla al posto dell'originale per qualche giorno. Non **se ne accorgerà** nessuno.

---

inaugurazione: cerimonia che si fa per celebrare l'inizio di qualcosa. *Es.: Ogni anno a Venezia c'è una grande festa per l'inaugurazione del festival del cinema.*

se ne accorgerà - *inf. accorgersi*: rendersi conto, capire. *Es.: Ho usato la macchina di mio padre; quando se ne accorgerà, si arrabbierà moltissimo.*

Note

- Ma è fantastico! Allora possiamo prenderlo?
- Sì. Ma non adesso, domani mattina.
- Domani?
- Sì, domani mattina alle cinque c'è la meditazione. Dopo la meditazione i frati vanno tutti nelle loro stanze. In quel momento io sostituirò il quadro con la copia e ve lo darò.
- Allora dobbiamo tornare domani mattina alle cinque? - chiede Lorenzo - Questo significa che ci dobbiamo svegliare prestissimo, per arrivare qui ci vuole un'ora di cammino.
- Non vi preoccupate. - dice Juan - Potete passare la notte qui nel convento, ma dovrete fare molta attenzione: se gli altri frati vi scoprono, io avrò molti problemi.
- Per me va bene. - dice Sofia - Non c'è altra soluzione. Dormiamo qui. E tu Lorenzo, sei d'accordo?
- Sì, va bene.
- Perfetto. - dice Juan - Adesso venite dietro di me. Ma non fate rumore.

Juan accompagna i due ragazzi dentro il convento. Attraversano molte sale, salgono delle scale. Infine arrivano in una piccola stanza.
- Ecco. - dice Juan - Questa notte potete stare qui. Però non dovete uscire, nessuno vi deve vedere. Va bene?
- Sì, si. Abbiamo capito.
- Qui c'è tutto quello che vi serve per la notte. Ci vediamo domani mattina. Buonanotte ragazzi.
- Buonanotte Juan.

Il frate esce.

Sofia e Lorenzo guardano la loro stanza: un piccolo armadio, una sedia, un tavolo e un letto. È tutto.
- Ma questa è una prigione! - dice Lorenzo.
- Cosa ti aspettavi? - chiede Sofia - È un convento, non un albergo!

Note

Capitolo XVII

Qualche ora dopo.

È notte. Sofia e Lorenzo sono ancora svegli.

- Non riesco a dormire. - dice Lorenzo.

- Neanch'io. Sono troppo nervosa. - dice Sofia mentre si alza dal letto - Vieni, andiamo a fare un giro.

- Ma dove vuoi andare?

- Voglio uscire da questa stanza!

- Sei matta?

- No. Voglio andare a vedere il quadro di Caravaggio. Ho pensato che è meglio fotografarlo. Così, se non riusciamo a prenderlo, avremo delle foto. Non si sa mai cosa può succedere!

- Ma no, aspetta... Juan ha detto...

- Senti Lorenzo, se tu hai paura, rimani qui. Io vado da sola, ci vediamo dopo.

Sofia esce dalla stanza.

"Non si può stare mai tranquilli." - pensa Lorenzo.

Intanto Sofia scende le scale e attraversa un lungo corridoio. C'è un grande silenzio. Da una porta aperta arriva la luce di alcune candele. È la **cappella** del convento, dove i frati vanno per pregare. Sofia si guarda intorno, non c'è nessuno. Così entra dentro. In pochi minuti visita tutta la cappella: ci sono opere che rappresentano la Madonna con il bambino, e altre dove si vedono gli angeli del Paradiso, ma il quadro di Caravaggio non c'è. Sofia decide di tornare indietro ma, mentre sta per uscire, sente delle voci.

"Oh, no! Sta arrivando qualcuno!" - pensa.

---

cappella: piccola chiesa, piccola sala che si usa per le cerimonie religiose. *Es.: Il prete ha celebrato la messa nella cappella.*

Subito si nasconde dietro l'**altare**. Da qui vede entrare due frati, che si siedono e iniziano a pregare. Dopo qualche minuto uno dei due frati si alza. Va verso l'altare. Sofia rimane ferma, quasi non respira.

"Adesso mi vede..." - pensa.

Ma per fortuna il frate si è fermato davanti all'altare solo per dire qualche preghiera. Poi torna indietro ed esce dalla cappella insieme all'altro. Finalmente Sofia può alzarsi.

"Uhff... Che paura..." - pensa.

Ora la strada è libera e può uscire anche lei dalla cappella. Attraversa di nuovo il corridoio, scende delle altre scale. Dopo un po' arriva davanti a un'altra porta. È la cucina dei frati. Sofia entra. In quel momento sente un rumore dietro di lei. Si gira, sta per gridare, ma qualcuno le mette una mano sulla bocca.

- Sofia, stai tranquilla. Sono io, Lorenzo. Non gridare.
- Lorenzo, ma sei matto? Mi hai fatto morire di paura!
- Ssssshh... Parla piano...
- Ma che fai qui?
- Ho cambiato idea. Voglio venire con te.
- Finalmente! Sono contenta.

---

altare: il "tavolo" che si usa per le cerimonie religiose. *Es.: Durante la messa, il prete mette sull'altare il pane e il vino.*

Note

Capitolo XVIII

Nella cucina, poco dopo.

- Hai fame? - chiede Sofia.

- Sì, tanta. E tu?

- Anch'io. Guarda, qui c'è qualcosa da mangiare.

Su un tavolo c'è una **pentola** con della **zuppa**. C'è anche del formaggio e un po' di pane.

- Questa zuppa è buonissima. - dice Lorenzo.

- Anche questo formaggio non è male, probabilmente lo fanno qui al convento.

- Non trovi che è molto romantico? Una cena in un convento, io e te da soli, alla luce delle candele...

- Lorenzo, non mi sembra il momento di fare questi discorsi. Finiamo di mangiare, prima che arrivi qualcuno.

- Va bene, va bene, con te non si può mai scherzare...

Qualche minuto dopo Sofia e Lorenzo escono dalla cucina. Mentre salgono le scale, sentono una musica dolcissima. Qualcuno sta suonando l'**organo**.

- Ma in questo convento non dorme nessuno! - dice Sofia.

- Sssshhh.... Ascolta la musica, è bellissima. Dev'essere lo "Stabat Mater" di Pergolesi.

- Ma che dici, Lorenzo! Tu di musica sacra non hai mai capito niente! Questo è il "Salve Regina" di Vivaldi!

---

pentola: 

zuppa: acqua calda con olio, legumi o verdure. *Es.: D'inverno mangio spesso la zuppa con i fagioli.*

organo: strumento musicale che di solito si usa per le musiche religiose. *Es.: J. S. Bach ha scritto molta musica per organo.*

Note

- **Scommettiamo**?

- Sì. Scommettiamo che se non ce ne andiamo subito da qui, qualcuno ci vede. Vieni, entriamo là.

Sofia apre una grande porta. È l' "Aula Dei", la grande sala delle riunioni. I due ragazzi entrano. Dentro è buio, non si vede niente.

- Accidenti! - dice Sofia - Non abbiamo neanche una candela...

- Ti sbagli, eccola qui. - dice Lorenzo - L'ho presa dalla nostra stanza prima di uscire. Ricorda: non si gira mai in un convento di notte senza candele!

- Ah, Lorenzo... Sei un amore... Come farei senza di te?

Lorenzo accende la candela. Finalmente si vede qualcosa: c'è un grande tavolo con delle sedie intorno. Al centro della sala, un quadro.

- Eccolo! - dice Sofia - L'abbiamo trovato! Che emozione!

- È questo?

- Sì, non è meraviglioso?

- Hai ragione: è bellissimo.

Lorenzo e Sofia rimangono a lungo a osservare il quadro. Fanno delle foto. Sofia è molto emozionata, Lorenzo non l'ha mai vista così felice.

- Forse è meglio tornare nella nostra stanza. - dice Lorenzo dopo un po' - Potrebbe arrivare qualcuno.

- No, aspetta, ancora un momento...

- Ma Sofia, non possiamo stare qui tutta la notte!

In quel momento, fuori della porta, si sente un rumore.

- Aiuto! - dice Sofia - Sta arrivando qualcuno.

- Hai visto? Te l'avevo detto...

- E adesso che facciamo?

Scommettiamo - *inf. scommettere*: fare una scommessa, fare una gara per indovinare qualcosa. *Es.: Secondo me vince il Milan, secondo te la Juventus; scommettiamo che ho ragione io?*

Note

- Là c'è un'altra porta. Vieni, usciamo da là!

Lorenzo e Sofia escono velocemente dall'Aula Dei. Subito dopo un frate apre la prima porta ed entra nella sala, ma non si accorge di niente.

I due ragazzi corrono attraverso il corridoio. Salgono le scale, finalmente arrivano nella loro stanza.

- Che paura! - dice Sofia. - Grazie Lorenzo, mi hai salvato!

Lorenzo ride:

- Ah, ah, sei rimasta là come un **pesce lesso**!

- Stupido, vieni qui. Dammi un bacio.

Capitolo XIX

Qualche ora dopo. Sofia e Lorenzo sono nella loro stanza. Stanno dormendo. Dalla finestra entra la luce del primo mattino. Juan apre la porta:

- Ragazzi, svegliatevi!

- Eh? Cosa?

- Svegliatevi! È ora di alzarsi.

- Ah, Juan, sei tu! - dice Lorenzo.

- Ciao Juan. - dice Sofia.

- Sono le sei e mezza. - dice Juan - Non abbiamo molto tempo. Mettetevi questi vestiti da **giardinieri**. Poi andate in giardino e aspettatemi là. Io arrivo tra dieci minuti.

---

pesce lesso: persona molto lenta, poco intelligente ("lesso" significa "bollito", "cotto nell'acqua bollente").

giardinieri: persone che si occupano del giardino. *Es.: I giardinieri conoscono i nomi di tutte le piante.*

- Va bene, ci vediamo dopo.

Juan va via.

- Sto morendo di sonno... - dice Lorenzo - Non si potrebbe avere un caffè?

- Certo. - risponde Sofia - Con cornetti caldi, pane, burro e marmellata. Te li porto subito.

- Davvero?

- Ma Lorenzo! Dove hai la testa? Stavo scherzando! Dai, alzati. Juan ci aspetta.

Dieci minuti dopo Sofia e Lorenzo sono in giardino. Hanno messo i vestiti da giardinieri. In quel momento qualcuno li chiama. È un frate:

- Ehi, voi!

- S.. ssì? - dice Lorenzo.

- Avete tagliato l'**erba** del giardino?

- Sì, sì.

- Bene. Scusate se vi ho disturbato, continuate a lavorare. Siete dei bravi ragazzi! Arrivederci.

Il frate rientra nel convento.

- Hai visto? - dice Lorenzo - Sembriamo proprio due veri giardinieri.

- Tu un giardiniere? - dice Sofia - Ma se non sai **distinguere** una rosa da una **margherita**!

Lorenzo sta per rispondere, ma un altro frate esce dal convento. Ha qualcosa nelle mani. È Juan.

- Ecco, ragazzi. Questo è il quadro. Fate attenzione. Potete tenerlo per una settimana, non di più. Poi dovete riportarlo qui.

---

erba: 

distinguere: capire la differenza tra due cose. *Es.: L'etica insegna a distinguere il bene dal male.*

margherita: 

Note

- Stai tranquillo. - dice Sofia.
- Adesso andate via subito. E... buona fortuna!
- Grazie, Juan. Sei un vero amico!
- Ciao ragazzi. A presto!

Capitolo XX

Poco dopo.

- È stata una fortuna incontrare Juan. - dice Sofia, mentre lei e Lorenzo scendono dal monte Argentario con il quadro.
- Sì, è stato gentile, però adesso non voglio più sentire parlare di conventi per molto tempo. Sembrava di essere tornati nel medioevo: niente doccia, niente tv, niente corrente elettrica... Ma come si fa a vivere in un posto così?
- Sei un **materialista**...
- Materialista io? Solo perché voglio una doccia e buona colazione! Non mi sembra di chiedere molto.
- Va bene, scusa, non ti arrabbiare...

Finalmente, dopo circa un'ora, arrivano alla moto.

- Nooo! - dice Lorenzo.
- Che succede? - chiede Sofia.
- Abbiamo la ruota bucata!
- Guarda, c'è un biglietto: IL VOSTRO VIAGGIO ROMANTICO FINISCE QUI! ADDIO.
- È Polli...

---

materialista: persona che pensa solo alle cose materiali. *Es.: Marco è un materialista, pensa solo a mangiare, a bere e a fare soldi.*

Note

- Quel bastardo... E adesso come facciamo?
- Possiamo chiedere un passaggio a qualcuno.

Ma è ancora molto presto e sulla strada a quell'ora non ci sono macchine. Nel silenzio, si sente solo il canto degli uccelli.

Passano i minuti. Sofia, nervosa e stanca, comincia a piangere. Lorenzo la prende fra le sue braccia, cerca di calmarla.

- Guarda, sta arrivando qualcuno. - dice Lorenzo dopo un po'.

Sulla strada sta passando un **carretto** con un cavallo. Il carretto è pieno di formaggio. Sopra c'è un uomo.

- Ehi! - grida Lorenzo.

L'uomo si ferma.

- Buongiorno.
- Buongiorno. Senta, ci può dare un passaggio?
- Va bene, salite, ma state attenti al mio formaggio!
- Grazie.
- Ma che fate qui, a quest'ora? - chiede l'uomo.
- Beh, è una lunga storia...

Sofia comincia a raccontare...

Lorenzo invece è stanco. Si siede sul formaggio, chiude gli occhi e inizia a sognare...

Nel sogno è un uomo poverissimo. Poi passa un uomo a cavallo e gli regala una candela accesa. Lorenzo la prende nelle sue mani. A quel punto inizia a **soffiare** un dolce vento. La luce della candela vola via. Lorenzo la segue. Vola nel cielo e si sente libero e leggero. Mentre vola vede posti bellissimi, meravigliosi. Lorenzo è felice. Poi sale su una barca. Anche la barca inizia a volare...

---

carretto: 

soffiare: 

Note

Capitolo XXI

BUZZZZZ BUZZZZZ BUZZZZZ...

Suona la sveglia. Sono le sette del mattino. È un venerdì mattina come tutti gli altri... Lorenzo apre gli occhi. È nel suo letto. A Roma piove.

- NOOO! - dice Lorenzo - Sofia, amore mio, dove sei? Non è possibile... È stato solo un sogno!

Sì, proprio così: il ritorno di Sofia, il quadro, Juan, il convento... tutto questo è stato solo un lunghissimo sogno. In realtà tutto è uguale a prima: non c'è nessun quadro da trovare, Sofia non è tornata e Lorenzo è ancora solo.

"Ma come è possibile?" - si chiede - "Sembrava tutto così reale!"

Ora si guarda intorno. Quella è proprio la sua stanza, non ci sono **dubbi**. E la sveglia, vicino al letto, dice che sono le sette di venerdì mattina. Bisogna alzarsi, andare a lavorare...

"Che tristezza!" - pensa.

Finalmente si alza. Mentre fa la doccia pensa a Sofia: non la vede da anni, da quando è partita per la Spagna. Chissà dove sarà adesso, probabilmente con un altro uomo. Lorenzo si veste. È l'uomo più triste del mondo. Passerà tutto il giorno negli uffici del giornale, lavorerà fino a sera, poi andrà a cena dalla madre, forse andrà al cinema con qualche amico. Senza tante emozioni, come sempre. Niente è cambiato.

Ora apre la porta, sta per uscire ma...

---

dubbi: incertezze, insicurezze. *Es: È una persona molto sicura di sé, non ha mai dubbi.*

Note

DRIIIIINNNNN DRIIIINNNN

...proprio in quel momento suona il telefono.
- Pronto Sofia? Sei tu? - risponde Lorenzo.
- Sì, ma... Come fai a saperlo?
- Ti ho sognata stanotte.
- Strano, anch'io ti ho sognato: cercavamo un quadro, eravamo in un convento.....

FINE*

*Questo è un racconto di pura fantasia. Caravaggio non ha mai dipinto un quadro dal nome "La circoncisione di Gesù."

ESERCIZI

Capitoli I - II - III

A - Le frasi sono vere o false? Rispondi con una X.

	V	F
1 - Nino fa il barista.	☒	❑
2 - Sofia è tornata a Roma.	❑	☒
3 - Lorenzo e Sofia non si vedono da molto tempo.	☒	❑
4 - Marco e Lorenzo lavorano insieme.	☒	❑

B - Riordina il dialogo. La frase n. 1 è al posto giusto.

1 - Ciao Marco.
2 - E dove vai?
3 - Sì, sì. Tutto bene.
4 - Ti vedo un po' strano... Come va, tutto bene?
5 - Grazie, ma stasera non posso... Devo partire.
6 - No, è tornata. Adesso è a Capalbio. Sai Marco, è proprio strano...
7 - Da Sofia.
8 - Allora, andiamo al cinema stasera?
9 - Eh sì... È proprio strano vederti uscire con una donna!
10 - La tua amica che studia storia dell'arte? Ma non è in Spagna?

1, 4, 3, 8, 5, 2, 7, 10, 6, 9

C - Scegli il verbo giusto.

3 f

Lorenzo è un po' nervoso. Questa notte **faceva/ha fatto/farà** un sogno molto strano. **Sognava/Sognerà/Ha sognato** di essere molto, molto povero. Poi arrivava un uomo a cavallo e gli **ha regalato/ regalava/regala** una candela accesa. La candela **faceva/farà/fa** una luce meravigliosa. Lorenzo la **aveva presa/prendeva/avrà presa** nelle sue mani...

Poi **suonerà/ha suonato/suonava** la sveglia. Il sogno **sarà finito/ finirà/è finito** così.

Capitoli IV - V

A - Le frasi sono vere o false? Rispondi con una X.

	V	F
1 - Sofia è la ex moglie di Lorenzo.	❑	☒
2 - Sofia arriva in ritardo all'appuntamento.	❑	☒
3 - Quando esce dal ristorante, Lorenzo decide di tornare a Roma.	❑	☒
4 - La mattina dopo, Lorenzo ascolta alcuni messaggi nella segreteria telefonica.	☒	❑
5 - Sofia aspetta Lorenzo in un residence.	☒	❑

B *- Completa il testo con la preposizione giusta.*

sulla - alla - dell' - alle - dagli (2)- al - all'

Alle sei di sera non piove più, Lorenzo esce _______ uffici del giornale. Non c'è tempo per tornare a casa. _______ otto deve essere a Capalbio per incontrare Sofia. Così sale _______ sua vecchia moto e corre _______ appuntamento. Capalbio è un piccolo paese medioevale in Toscana, vicino _______ mare. Per arrivarci bisogna fare la via Aurelia, una strada romana antichissima. Da Roma sono circa 150 chilometri. Mentre guida, Lorenzo pensa _______ sua storia con Sofia. Si conoscono da molto tempo, _______ anni _______ università.

C *- Scegli il pronome giusto.*

MESSAGGIO N° 1

- Ciao Lorenzo, sono la mamma. Hai sentito che freddo? **Ti/Te/Si/Lo** sei coperto bene? Hai mangiato le melanzane alla parmigiana che **gli/ti/l'/le** ho preparato? Non far**ti/mi/si/lo** preoccupare. Chiama**mi/ti/le/me** presto! Ciao.

MESSAGGIO N° 2

- Ciao Lorenzo, sono Roberta. Domani sera io e Annamaria andiamo al cinema. Andiamo a vedere *La vita è brutta*. L'ultimo film di Norberto Maligni. **Ci/La/Ti/Noi** va di venire? L'appuntamento è per le otto, al cinema Rex. Se vieni, **si/ci/glielo/gli** vediamo là. Ciao.

MESSAGGIO N° 3

- Ciao Lorenzo, sono Sofia. Scusa se non sono venuta all'appuntamento. Sono a Capalbio. Al Residence *Valle del Buttero*. L'indirizzo è: Piazza Magenta, numero 7. **L'/Ti/La/Lo** aspetto! Vieni al più presto, così **ti/mi/te lo/lo** spiego tutto. Ciao.

Capitoli VI - VII - VIII

A *- Le frasi sono vere o false? Rispondi con una X.*

	V	F
1 - Sofia non è andata all'appuntamento perché ha paura di Ugo Polli.	❑	❑
2 - Sofia vuole andare in Spagna a cercare un quadro antico.	❑	❑
3 - Sofia sta cercando l'ultimo quadro di Michelangelo Merisi.	❑	❑
4 - Caravaggio non ha avuto una vita tranquilla.	❑	❑
5 - Caravaggio è morto in Spagna.	❑	❑
6 - Caravaggio è un pittore del XIV secolo.	❑	❑
7 - Polli non ama l'arte.	❑	❑

B *- Riordina il dialogo. La prima e l'ultima frase sono al posto giusto.*

1) - Ciao Lorenzo! Vieni, entra dentro.

2) - Ma no, no. Adesso ti spiego...

3) - Si chiama Ugo Polli. E non è il mio amante! È un uomo basso, grasso e con pochi capelli. Non è il mio tipo, stai tranquillo. È un mercante d'arte. Anche lui cerca il quadro per venderlo a un ricco uomo d'affari giapponese che lo vuole comprare.

4) - Sofia! Finalmente ti rivedo. Ma perché non sei venuta ieri sera? Mi sono preoccupato molto.

5) - Un uomo? E chi è? Il tuo amante?

6) - E l'uomo misterioso, chi è?

7) - Sì, sì. Voglio sapere tutto. Cosa hai fatto tutto questo tempo? Dove sei stata? Con chi?

8) - Ho paura ad uscire da sola. C'è un uomo che mi segue.

9) - Lorenzo, ti prego, non fare il geloso. Sono andata in Spagna per fare delle ricerche. Là ho scoperto che in questa zona, vicino Capalbio, c'è un quadro antico molto importante. Ma nessuno sa dove si trova esattamente.

10) - Questi giapponesi... Vogliono comprare tutto!

C - Completa il dialogo con le parole della lista.

allora - come - ma (2) - mai - mentre - perché (3) - per - poi

- Allora Sofia, mi dici __________ questo quadro è così importante?
- È del 1600.
- E __________? In Italia ci sono molte opere di quel periodo!
- Sì, è vero. __________ il quadro che cerco è stato dipinto da Michelangelo Merisi.
- È un pittore famoso?
- Famosissimo. Hai __________ sentito parlare di Caravaggio?
- Certo. __________ me lo chiedi?
- __________ Caravaggio e Michelangelo Merisi sono la stessa persona. Michelangelo Merisi è il vero nome di Caravaggio. Non lo sapevi?
- No, faccio il giornalista, non lo storico dell'arte. L'unica cosa che so è che Caravaggio era un genio. __________ Leonardo e Raffaello.
- Esatto. __________ la vita di Caravaggio è molto più interessante. Era un personaggio particolare: passionale, violento, un po' pazzo. Ha avuto avventure di ogni genere: è stato in prigione, è scappato, si è innamorato di molti uomini...
- Era omosessuale?
- Non esattamente. Ha avuto anche delle donne. Il suo carattere passionale lo ha portato a vivere in modo eccessivo. Ha anche ucciso un uomo. __________ scappare alla giustizia è venuto a nascondersi in questa zona. Ma non si sa bene dove. In Spagna ho scoperto che __________ era qui ha dipinto il suo ultimo quadro. __________ si è ammalato ed è morto.

D - Completa il dialogo con i verbi.

- Che fa Lei qui? Che (volere) ____________________ da me? - chiede Sofia.
- Lo (sapere) ____________________ benissimo, Sofia. Io (volere) ____________________ il quadro. Lo devo vendere.
- Ma quella è un'opera d'arte! Le opere d'arte non si (vendere) ____________________.
- Questo lo (dire) ____________________ tu. A me l'arte non (interessare) ____________________. A me (interessare) ____________________ solo i soldi!
- Sei un bastardo!
- Stai attenta a come parli, Sofia. E (dire) ____________________ al tuo amico di lasciarmi andare.
- Stava bucando le ruote della mia moto! - dice Lorenzo.
- Non (fare) ____________________ niente. - risponde Polli. - Ora (lasciare/me) ____________________ o chiamo la polizia.

Capitoli IX - X - XI

A - Le frasi sono vere o false? Rispondi con una X.

	V	F
1 - Il Duomo di Orbetello e la chiesa di Ansedonia sono sulla mappa di Sofia.	❑	❑
2 - Polli è stato ad Ansedonia prima di Sofia e Lorenzo.	❑	❑
3 - Sofia non crede alle parole del prete.	❑	❑

4 - Sofia dice che nel suo ultimo quadro Caravaggio ha dipinto la circoncisione di Gesù. ❑ ❑

5 - La sera Sofia e Lorenzo tornano a Capalbio con il quadro. ❑ ❑

***B** - Completa il dialogo con le parole della lista.*

artista (2) - circoncisione - Chiesa - chiese - ebrei - ebreo - mappa - popolo - prete - prostitute - quadro (3) - società

- Devi sapere che Caravaggio era un ________________ molto particolare. I suoi modelli erano le ________________, la gente del ________________...
- Ho capito: per la ________________ dei suoi tempi, Caravaggio non era un ________________ "normale".
- Esatto. E il suo ultimo ________________, quello che noi stiamo cercando, è il meno "normale" di tutti.
- Perché, che cosa rappresenta?
- La ________________ di Gesù.
- La circoncisione... - dice Lorenzo - Ma non è una cosa che fanno gli ________________?
- Esatto! Ma la ________________ Cattolica non ha mai voluto pensare a Gesù come a un normale ________________. Per questo ha nascosto il ________________ per quattrocento anni. Però io sono sicura che esiste.
- Vuoi dire che il ________________ sta nascondendo il ________________?
- Non lo so. In ogni caso prima di tornare qui, forse è meglio visitare tutte le altre ________________ che sono sulla ________________.

C - Completa il testo con le preposizioni.

È sera. Lorenzo e Sofia hanno visitato altre chiese, hanno parlato ________ tante persone, ma non sono riusciti ________ trovare il quadro. Ora tornano ________ Capalbio. Mentre la luce della luna scende ________ mare, la moto corre veloce ________ strada che porta ________ paese. Lontano, molto lontano, si vedono le luci ________ una barca. Tutto è calmo, tranquillo.

Finalmente, dopo qualche minuto, arrivano ________ residence. Accendono il camino, preparano ________ mangiare. Poi, dopo cena, si siedono davanti ________ fuoco. Parlano come due persone che non si vedono ________ tanto tempo. Scherzano, ridono. ________ un momento, Sofia riesce anche ________ non pensare ________ quadro.

Capitoli XII - XIII

A - Le frasi sono vere o false? Rispondi con una X.

	V	F
1 - Sofia ha fatto lo stesso sogno di Lorenzo.	❑	❑
2 - Lorenzo non crede ai sogni.	❑	❑
3 - Guglielmo e Sofia si conoscono da molto tempo.	❑	❑
4 - Il “Giardino dei Tarocchi” è un museo con molti quadri.	❑	❑
5 - Guglielmo gioca a carte con il signor Tarocchi.	❑	❑
6 - Polli è stato da Guglielmo il giorno prima.	❑	❑
7 - Guglielmo ha detto a Polli di andare da Juan.	❑	❑

B *- Completa il testo con i verbi.*

Domenica mattina. È una bella giornata. Un po' fredda, ma piena di sole. Sofia (svegliarsi) __________ appena __________. Lorenzo, vicino a lei, sta ancora (dormire) __________________.

- Lorenzo, (svegliarsi) __________________! Sono le dieci, è tardissimo! - dice Sofia.
- Eh? Cosa?
- Ho detto che è tardi, dobbiamo (alzarsi) __________________. Non abbiamo più molto tempo per trovare il quadro.
- Quadro? Quale quadro?
- Dai, non (fare) __________________ lo stupido. Lo sai benissimo.
- Ma io ho sonno, voglio dormire...
- (Dormire) __________________ un'altra volta. Adesso (ascoltare/me) __________________, ho una cosa importante da dirti. Questa notte (fare) __________________ uno strano sogno: (sognare) __________________ un vecchio a cavallo, con una lunga barba bianca.
- Interessante. Anch'io da molte notti (sognare) __________________ un uomo a cavallo. E ora che ci (pensare) __________________ anche lui ha la barba bianca.

C - Riordina il dialogo. La frase n. 1 è al posto giusto.

1 - Tra poco vedrai un posto bellissimo.
2 - Al "Giardino dei Tarocchi". Guglielmo lavora là.
3 - È un posto con delle sculture grandissime.
4 - Perché, dove mi stai portando?
5 - E cos'è questo "Giardino dei Tarocchi"?
6 - Non esattamente è un giardino.
7 - È un museo?

Capitoli XIV - XV - XVI

A - Le frasi sono vere o false? Rispondi con una X.

	V	F
1 - Lorenzo e Sofia si fermano in una trattoria perché piove.	❑	❑
2 - Sofia non vuole vendere il quadro perché Polli non offre molti soldi.	❑	❑
3 - Juan è molto antipatico.	❑	❑
4- I frati hanno tenuto il quadro nel convento per molto tempo.	❑	❑
5- Nel convento non c'è l'originale, ma solo la copia del quadro.	❑	❑
6- Lorenzo e Sofia vanno a dormire in albergo.	❑	❑

B *- Scegli l'espressione giusta.*

- Senti Juan, - dice Sofia - io ho organizzato un'esposizione delle opere di Caravaggio alla Galleria Borghese di Roma. Domani pomeriggio ci sarà l'inaugurazione. **Mi/Lo/Me lo** piacerebbe tanto portare anche quel quadro, sarebbe una cosa bellissima.

- Capisco che per **me/lui/te** è molto importante, ma non è possibile. - dice Juan - Il quadro non può uscire dal convento.

- Io penso che dobbiamo trovare un modo per portar**mi/le/lo** fuori. Le opere d'arte sono di tutti, non è giusto tener**le/lo/si** nascoste!

- Forse hai ragione, Sofia. Il quadro è così bello! Non è giusto tener**le/lo/li** chiuso qui!

- Bene! Ma come facciamo a portar**ne/lo/si** fuori? Se gli altri frati ci vedono, non **si/ci/le** lasceranno andare...

- Beh, veramente... io **la/ne/l'**ho una copia. **L'/Ne/Lei** ho fatta appena sono arrivato qui nel convento. Io sono un pittore e ho studiato a lungo lo stile di Caravaggio. La copia che ho fatto è molto simile. Posso metter**lo/la/ne** al posto dell'originale per qualche giorno. Non **se ne/se lo/si** accorgerà nessuno.

Capitoli XVII - XVIII - XIX

A - Le frasi sono vere o false? Rispondi con una X.

	V	F
1 - Sofia va nella cappella per pregare.	❑	❑
2 - Sofia e Lorenzo cenano insieme ai frati nella cucina del convento.	❑	❑
3 - Il quadro di Caravaggio è nell'Aula Dei.	❑	❑
4 - La mattina Juan porta la colazione ai due ragazzi.	❑	❑
5 - Sofia e Lorenzo possono prendere il quadro ma devono riportarlo dopo una settimana.	❑	❑

B - Completa il testo con le parole della lista.

altare (3) - candele - cappella (3) - corridoio - frati (3) - Madonna - preghiera

Sofia scende le scale e attraversa un lungo ________________. C'è un grande silenzio. Da una porta aperta arriva la luce di alcune ________________. È la ________________ del convento, dove i ________________ vanno per pregare. Sofia si guarda intorno, non c'è nessuno. Così entra dentro. In pochi minuti visita tutta la ________________: ci sono opere che rappresentano la ________________ con il bambino, e altre dove si vedono gli angeli del Paradiso, ma il quadro di Caravaggio non c'è. Sofia decide di tornare indietro ma, mentre sta per uscire, sente delle voci. Subito si nasconde dietro l'________________. Da qui vede entrare due ________________, che si siedono e iniziano a pregare. Dopo qualche minuto uno dei due ________________ si alza. Va verso l'________________. Sofia rimane ferma, quasi non respira.

"Adesso mi vede..." - pensa.

Ma per fortuna il frate si è fermato davanti all'________________ solo per dire qualche ________________. Poi torna indietro ed esce dalla ________________ insieme all'altro.

***C** - Completa i dialoghi con i verbi all'imperativo.*

1.

- Sofia, (stare) ____________________ tranquilla. Sono io, Lorenzo. Non (gridare) ____________________.
- Lorenzo, ma sei matto? Mi hai fatto morire di paura!
- Ssssshh... (Parlare) ____________________ piano...

2.

- Che paura! - dice Sofia. - Grazie Lorenzo, mi hai salvato!
- Ah, ah, sei rimasta là come un pesce lesso!
- Stupido, (venire) ____________________ qui. (Dare/a me) ____________________ un bacio.

3.

- Ragazzi, (svegliarsi) ____________________!
- Eh? Cosa?
- (Svegliarsi) ____________________! È ora di alzarsi.
- Ah, Juan, sei tu! - dice Lorenzo.
- Ciao Juan. - dice Sofia.
- Sono le sei e mezza. - dice Juan - Non abbiamo molto tempo. (Mettersi) ____________________ questi vestiti da giardinieri. Poi (andare) ____________________ in giardino e (aspettare/me) ____________________ là. Io arrivo tra dieci minuti.

Capitoli XX - XXI

***A** - Le frasi sono vere o false? Rispondi con una X.*

	V	F
1 - Lorenzo e Sofia tornano a Capalbio in moto.	❑	❑
2 - Lorenzo ha sognato tutto.	❑	❑
3 - Dopo il sogno, Sofia telefona veramente a Lorenzo.	❑	❑

***B** - Completa il testo con i verbi al futuro.*

andare (2) - essere - lavorare - passare

Lorenzo si alza. Mentre fa la doccia pensa a Sofia: non la vede da anni, da quando è partita per la Spagna. Chissà dove __________________ adesso, probabilmente con un altro uomo. Lorenzo si veste. È l'uomo più triste del mondo. __________________ tutto il giorno negli uffici del giornale, __________________ fino a sera, poi __________________ a cena dalla madre, forse __________________ al cinema con qualche amico. Senza tante emozioni, come sempre. Niente è cambiato.

SOLUZIONI DEGLI ESERCIZI

Capitoli I - II - III

A: Vero 1, 3, 4; Falso 2

B: 1 - 4 - 3 - 8 - 5 - 2 - 7 - 10 - 6 - 9

C: ha fatto; Ha sognato; regalava; faceva; prendeva; ha suonato; è finito

Capitoli IV - V

A: Vero 4, 5; Falso 1, 2, 3

B: dagli; Alle; sulla; all'; al; alla; dagli; dell'

C: N° 1: Ti; ti; far**mi**; Chiama**mi**. N° 2: Ti; ci. N° 3: Ti; ti

Capitoli VI - VII - VIII

A: Vero 1, 3, 4, 7; Falso 2, 5, 6

B: 1 - 4 - 8 - 5 - 2 - 7 - 9 - 6 - 3 - 10

C: perché; allora; Ma; mai; Perché; Perché; Come; Ma; Per; mentre; Poi

D: vuole; sai; voglio; vendono; dici; interessa; interessano; di'; ho fatto; lasciami

Capitoli IX - X - XI

A: Vero 1, 2, 3, 4; Falso 5

B: artista; prostitute; popolo; società; artista; quadro; circoncisione; ebrei; Chiesa; ebreo; quadro; prete; quadro; chiese; mappa

C: con; a; a; sul; sulla; al; di; al; da; al; da; Per; a; al

Capitoli XII - XIII

A: Vero 1, 2, 6; Falso 3, 4, 5, 7

B: si è... svegliata; dormendo; svegliati; alzarci; fare; Dormirai; ascoltami; ho fatto; ho sognato; sogno; penso

C: 1 - 4 - 2 - 5 - 3 - 7 - 6

Capitoli XIV - XV - XVI

A: Vero 1, 4; Falso 2, 3, 5, 6

B: Mi; te; portar**lo**; tener**le**; tener**lo**; portar**lo**; ci; ne; L'; metter**la**; se ne

Capitoli XVII - XVIII - XIX

A: Vero 3, 5; Falso 1, 2, 4

B: corridoio; candele; cappella; frati; cappella; Madonna; altare; frati; frati; altare; altare; preghiera; cappella

C: 1: stai (sta'); gridare; Parla. 2: vieni; Dammi. 3: svegliatevi; Svegliatevi; Mettetevi; andate; aspettatemi

Capitoli XX - XXI

A: Vero 2, 3; Falso 1

B: sarà; Passerà; lavorerà; andrà; andrà

ALCUNI SUGGERIMENTI PER L'INSEGNANTE

Gli esercizi di questo libro possono essere svolti sia in classe, sia a casa dallo studente in autoapprendimento. Qui di seguito sono riportate invece alcune attività destinate specificamente al lavoro in classe.

Attività 1
L'insegnante divide la classe in gruppi. Poi consegna a ogni gruppo una busta contenente dei fogli, su ognuno dei quali c'è una parte (alcune righe, una pagina o anche un intero capitolo) del racconto che gli studenti non hanno ancora letto. Mettendo i fogli nell'ordine giusto, gli studenti devono ricomporre il testo.

Attività 2
L'insegnante divide la classe in gruppi di tre o quattro studenti. A ogni studente viene dato un foglio con una parte diversa del racconto (una pagina o anche un intero capitolo) che gli studenti non hanno ancora letto. Gli studenti hanno un tempo stabilito per leggere solo la loro parte. Dopodiché allo scadere del tempo copriranno il foglio e a turno riferiranno ai propri compagni di gruppo quello che hanno letto. Attraverso lo scambio di informazioni, cercheranno tutti insieme di ricostruire il testo mettendo le varie parti nell'ordine giusto. È importante che ogni studente legga solo la propria parte e nei tempi stabiliti dall'insegnante. Naturalmente dopo il primo confronto di gruppo l'insegnante potrà valutare l'opportunità di far procedere gli studenti a una seconda lettura solitaria e quindi a un nuovo confronto con i compagni. Alla fine dell'attività l'insegnante farà leggere agli studenti l'intero testo.

Attività 3
Da fare dopo la lettura di uno o più capitoli. L'insegnante divide la classe in gruppi. Ogni gruppo prepara su un foglio delle domande su quanto letto

e le consegna al gruppo vicino. Esempio: se ci sono tre gruppi A, B e C, A prepara le domande per B, B per C e C per A. Quando i fogli tornano indietro con le risposte, ogni gruppo corregge l'altro.

Attività 4

Da fare prima di leggere l'ultimo capitolo. L'insegnante divide la classe in gruppi. Consegna a ogni gruppo un foglio con l'ultimo capitolo, da cui però è stata eliminata la parte finale (il capitolo si interrompe allo squillo del telefono, prima che Lorenzo risponda). Gli studenti dovranno immaginare un loro finale. L'attività può essere svolta sia come produzione orale sia come produzione scritta. Al termine ogni gruppo esporrà alla classe la propria versione.

Attività 5

Da fare dopo la lettura di tutto il racconto. L'insegnante divide la classe in due gruppi. Ognuno dei due gruppi propone all'altro una lista di dieci parole tratte dal racconto. Il compito dei due gruppi è di comporre un dialogo o un testo utilizzano almeno 5 delle parole contenute nella lista proposta dal gruppo avversario.

Attività 6

Drammatizzazione. Gli studenti (divisi in coppie o in gruppi a secondo del numero dei personaggi) mettono in scena un dialogo del racconto, cercando di ripetere il più fedelmente possibile le battute del testo.

Variante: l'insegnante consegna ad ogni gruppo (o coppia) un foglio con sopra un dialogo del racconto da cui sono state tolte alcune battute. Gli studenti devono completare il dialogo e poi metterlo in scena.

Parole crociate

Questi 3 volumi di **Parole crociate** presentano un modo facile e divertente per imparare le parole di base della lingua italiana e per esercitare il lessico e la grammatica.

Ogni parola crociata utilizza solo le parole italiane pi frequenti ed utili e si riferisce ad un tema particolare (la casa, la città, la famiglia, il lavoro, il mangiare e il bere, il tempo libero, la politica, la religione, ecc.). Ma ci sono anche parole crociate di argomento più generale, puzzle ed altri giochi linguistici.

Per studenti di livello elementare, intermedio e avanzato. Sono incluse le soluzioni.

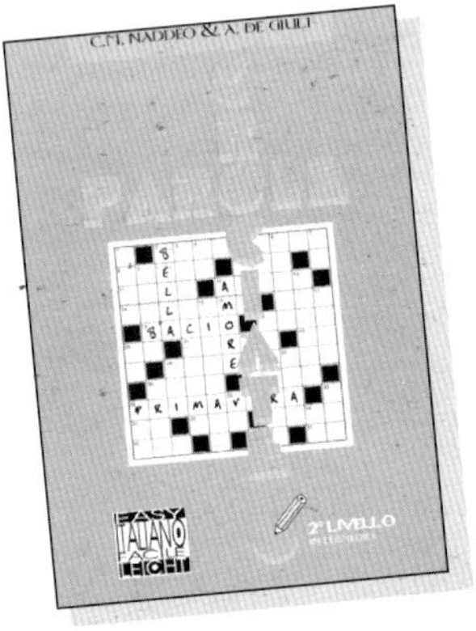

ALMA EDIZIONI
viale dei Cadorna, 44 - 50129 Firenze - Italia
tel ++39 055476644 - fax ++39 055473531
info@almaedizioni.it - www.almaedizioni.it